अधूरी राह के...
हमसफ़र

(काव्य संग्रह)

राहुल मिश्रा

PG PUBLICATION

Delhi-110089, India

प्रथम संस्करण : 2021
ISBN : 978-93-90889-00-6

मूल्य : 150/-

© सम्बंधित रचनाकार के अधीन
आवरण : ज्योति

अधूरी राह के हमसफ़र (काव्य संग्रह)
-राहुल मिश्रा

Adhoori Raah ke Humsafar (Kavya Sangrah)
-Rahul Mishra

Published by
PRAKHAR GOONJ PUBLICATION
H-3/2, Sector-18, Rohini, Delhi-110089
Email : prakhargoonj@gmail.com
        sinha.neelu123@gmail.com
Ph. : 011-42635077, 7982710571, 7838505899
web : prakhargoonjpublications.com

सादर समर्पित

यह पुस्तक समर्पित है,
अपनी उस प्रेमिका को,
नहीं जानता जिसे मैं,
लेकिन इतना जानता हूँ ज़रूर,
वह कोई तो थी।

आभार

जब मन एक स्त्रोत की तरह हो जाता है एकदम पावन, पवित्र, जब महसूस करता है किसी रूहानी रिश्ते को, तो फूट पड़ता है झरना कविताओं का।

और दर्द कुछ ऐसे भी होते हैं जो लफ्ज़ों में तब्दील न हो पाए, न होठों ने मौका दिया न कोई दूसरा सुनने को राजी हुआ जिन्हें न बयां करने का इल्म था न छुपाने का हुनर, बस सलीके और कायदे की स्याही से लिपटकर के लफ्ज़ छिटक जाते हैं पन्नों पर और जन्म होता है, कविताओं का।

होते हैं कुछ लोग भी जो जिंदगी में आते हैं कुछ पलों के लिए, चले जाते हैं और बन जाते हैं बुनियाद किसी कविता के सृजन की। यह कविता संग्रह उन अनेक भावों से भरा है जो जीवन के अलग-अलग मोड पर हमसे आ टकराते है।

प्रेम, स्नेह, करुणा, विछोह, यथार्थ जैसे भाव जाने कब जन्में और बिखर गए इस काव्य संग्रह में।

सुलेखा मिश्रा
सागर (म.प्र.)

अनुक्रमणिका

हुनर लिखने का दिल में है

या हाथों में सुलेखा है
रिसती है कहां से नज़म
बिवुध ये स्त्रोत कैसा है
कहर बरपा है क्या मुझपे कोई
या किसी जीत का अंजाम है
कोई है मेरी यादों में या
कोई अनकही सी बात है
रुकता नहीं है सिलसिला
ये वक्त जैसा है
रिसती है कहां से नज़म
बिवुध ये स्त्रोत कैसा है
है अक्स आंखों में कोई
या चेहरा किसी का याद है
कलम से लफ्ज़ उतरे जो
मेरे सर पे किसी का हाथ है
ज़ाहिर नहीं होता कभी
ये अहसास ऐसा है
रिसती है कहां से नज़म
बिवुध ये स्त्रोत कैसा है।

हम दूर देखते रहे,

तुम पास से गुजर गए,
तेरी जुल्फों की खुशबू के,
कई फूल बिखर गए,

अवचेतन से, चेतन में आकर,
हमने तुम्हें महसूस किया,
एक झलक तुम्हारी देखी और,
हम कतरा कतरा बिखर गए,

था इंतजार इस पल का पर,
ना सितम हमें मालूम हुआ,
एक अरसे राह तकी जिसने,
वो लम्हा–लम्हा संवर गए,

ये सितम तेरा माफ़ी के

काबिल नहीं ए ज़िन्दगी
कि वो कंधा भी छीन लिया तूने
जिस पर सर रखकर मैं
तेरे दर्दों को रोता था।

पिछले पन्ने पलटोगे जब

तुम अपनी ज़िन्दगी के,
उसमें एक किरदार,
मेरा भी होगा,
समाए होंगे कई चेहरे,
तुम्हारी आंखों में,
उनमें एक चेहरा,
मेरा भी होगा,
होगा कभी जिक्र वफा का,
तब, इतना तो यकीन है
उसमें एक नाम
मेरा भी होगा।

कर भी दो बयां क्या छुपा रखा है

क्या दर्द कोई दिल में दबा रखा है।
वो छलक रहा है बार बार तुम्हारी आंखों से,
जो दरिया तुमने आंखों में समा रखा है।
ये शिकायतें कहीं तोड़ न दें उसको
आशियां जो हमने प्यार का बना रखा है।
शाम होते तो लौट आते हैं परिंदे भी अपने घर को,
ना जाने तुमने कौन रास्ता बना रखा है।

जो चाहा उसे हम पा ना सके

जो पाया उसे अपना ना सके,
अपनी खुदगर्जी में उलझे,
एक पल भी सुकूं का पा ना सके
वो गैर, हमारे थे ही नहीं,
ये खुद को भी समझा ना सके,
समझा भी दिया पर सितम अहो,
खो दिया मगर ठुकरा ना सके।

दर्द अब तेरे इश्क़ का

नासूर बन बैठा है।
खुदगर्ज दिल भी,
मगरूर बन बैठा है।
क्या करें कि हम, मजबूर हैं इतने,
पास है वो फिर भी,
हमसे दूर बैठा है।

बस इस कदर मिलना

प्रिय तेरा-मेरा संयोग था,
जैसे कोई भटका मुसाफ़िर
मंज़िलों तक आ गया।

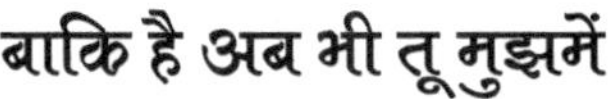

बाकि है अब भी तू मुझमें

रुख़सत हो जाने के बाद।
जैसे नम होती है धरती,
बारिश थम जाने के बाद।

पता नहीं क्या जुनून है मुझ पर,
इतना कुछ होने के बाद।
जिद पर अब भी अड़ा हुआ हूं,
उसके ठुकराने के बाद।
मरना तो आसान बहुत है
मसला तो जीने का है।
सांसें थम जाती हैं उसकी,
बाहों में जाने के बाद।
झूठे आंसू बहा रहा था,
बिखर के मेरी मैयत पर,
जश्न मनाया होगा उसने,
मुझको दफनाने के बाद।

जो बात दिल में दबी है उसे कह डालिए

कहीं उम्र ना गुजर जाए बताने में।
कोई नहीं ठहरता खातिर किसी की **'राहुल'**
वो खो ना जाए एक दिन इस भागते ज़माने में।
लफ्ज़ जो दफना रहे हो कब्र में दिल की,
नासूर ना बन जाए कहीं मर्ज ये छुपाने में।
कोई भी दरिया सदा दरिया नहीं रहता,
टूट जाती है लहर मिलकर किसी किनारे में।

नाम बिसर नहीं पाता तेरा

नाम बिसर नहीं पाता तेरा, ये मेरे गले का फंदा है
इतना टूट गया है दिल पर, जाने कैसे ज़िंदा है।
कई सदियां बीत गईं, और लाखों चेहरे बदल गए
दर्द तुम्हारा मेरे दिल में अब भी ज़िंदा है।

अफसोस रहा ताउम्र मुझे, कि अपना हाल छुपाता रहा
वो खड़ा रहा नज़दीक मेरे, मैं हंसता चेहरा दिखाता रहा।
अब हालत पर मेरी खुद मेरा ज़मीर भी शर्मिंदा है
दर्द तुम्हारा मेरे दिल में अब भी ज़िंदा है।

देखा जो सपना वो पूरा हो ना पाया

खो दिया उसे मगर उसे खो ना पाया।
कितना कुछ होता है ज़माने में,
एक वही था जो मेरा हो ना पाया।
खलिश का दाग लगा जो ज़मीर पर मेरे,
बहुत धोया अश्कों से मगर धो ना पाया।
जागता रहा सारी रात वो आंखों में मेरी,
बहुत कोशिश की मगर मैं सो ना पाया।

तुम्हारे सिवा मैं खुशी का

तुम्हारे सिवा मैं खुशी का मतलब नहीं जानता
ज़िन्दगी के जीने का सबब नहीं जानता।
हर लम्हा बस सजदा किया है तुमको
मैं दूजा कोई मजहब नहीं जानता।

हो ख़्वाब तुम्हीं

हो ख़्वाब तुम्हीं, हो दर्श तुम्हीं
मेरा जीवन उत्कर्ष तुम्हीं
हो हर्ष मेरा, हो अश्क तुम्हीं
हो मरहम तुम, हो ज़ख़्म तुम्हीं
मंज़िल की चाहत भी तुम हो
हो राहों का संघर्ष तुम्हीं,
हो पास मेरे, हो दूर तुम्हीं
हो छांव मेरी, हो धूप तुम्हीं
रिश्तों की उलझन तो देखो
हो गैर तुम्हीं, हमदर्द तुम्हीं।

तेरे दर पे ही खुदा है

तेरी गोद आशियां है
मैं खुद में खुद कहां हूं
तुझ में मेरा जहां है।
नुजूम से उमड़ता
विराट आसमां है
चेहरे तो लाख हैं पर
तुम-सा कोई कहां है,
ये साजिशें बुरी हैं
ये रंज खामखां है
दुनिया से जा के कह दो
मेरा प्यार जाविदा है।

चले जाने दो उनका

चले जाने दो उनको, मनाओ मत
बुझ जाने दो शमा को जलाओ मत
अरे छोड़ दिया है, तो गैर ही होंगे
गैरों के लिए आंसू, बहाओ मत
वफा लेके जो बेवफाई कर गए
चंद लम्हें बैठे और तन्हाई कर गए
उनकी यादों में खुद को सताओ मत
चले जाने दो उनको मनाओ मत

राहों का रोड़ा बना है तेरा दर्द

राहों का रोड़ा बना है तेरा दर्द
मुझे आगे बढ़ने नहीं देता।
ना जाने किस उम्मीद में ठहरा है दिल
तकदीर को संवरने नहीं देता।
बिखरना भी मुझे मंजूर है लेकिन
किनारा है कि लहर को बिखरने नहीं देता
हश्र क्या है मेरा तेरे जाने के बाद
कभी देखो कि मुझ पे क्या सज़ा है
खुले आकाश में उड़ता था जो परिंदा
वो जमीं पे बेबस पड़ा है
धीमा जहर है इश्क़ का '**राहुल**'
एक सांस में मरने नहीं देता।
राहों का रोड़ा बना है तेरा दर्द
मुझे आगे बढ़ने नहीं देता।

कितना रईस हूं मैं

कितना रईस हूं मैं
जो मेरे पास हैं
तेरी यादें, तेरी ख़्वाब, तेरी तस्वीरें।
जो मिल्कियत है मेरी
तेरे खत, तेरी खुशबू, तेरे तोहफे।
हां वो भी जो लम्हें थे
बिताए कभी
तेरे साथ, तेरी यादों में,
मुस्कुराते बिलखते कभी
फूलों से खिलते
मोम से पिघलते कभी
जागते रातों में।
राहों में टहलते कभी
जो तेरी यादें, तेरी ख़्वाब, तेरी तस्वीरें
मेरे पास हैं
हां ये मिल्कियत है मेरी।

झलके अगर निगाह से मोती

झलके अगर निगाह से मोती
तो झलक जाने दो
तूफान अगर उठा है,
तबाही तो होगी...

मैं समझ नहीं पाता

मैं समझ नहीं पाता,
वो कैसा रिश्ता निभाते हैं
कभी आंसू दे जाते हैं,
कभी बाहों में लिपट जाते हैं।

नज़रें कभी चुराते हैं,
कभी आंखों में डूब जाते हैं,
कभी रूठ जाते हैं मुझसे,
कभी खुद मुझे मानते हैं

मैं समझ नहीं पाता,
वो कैसा रिश्ता निभाते हैं।

दुनिया की झूठी रिवायतों

दुनिया की झूठी रिवायतों से भटक गए हो तुम
इतना सा भी मुझ पे ऐतवार नहीं था क्या
मुझसे मेरा हाल-ए-दिल सुनने की जिद पर हो
बहती आंखों पे तुमको ऐतवार नहीं है क्या
और क्या ये तुम कहती हो मैं बदला बदला सा हूं
मेरी इस हालत की तुम ज़िम्मेदार नहीं हो क्या
इन छोटे-छोटे तीरों से दिल को ज़ख़्मी करते हो
तेरी गद्दारी की मयान में तलवार नहीं है क्या।

बिखरे मेघों की ओढ़ में

बिखरे मेघों की ओढ़ में
ढलते सूरज की मासूमियत
सहमी हुई पेड़ की शाखाएं,
दूर दूर तक फैली खामोशियां,
एक छोटे से गांव की सुनसान राहें,
किसी कोने में बैठा
प्रेम विरह का रोगी,
खुद को बिरह की आग में जलाता हुआ,
कमजोर कायर की तरह,
आंसुओं की ओढ़ में छुपा,
हाय ! ये सज़ा भी खूब थी,
खुदा तेरी कायनात में

ज़िन्दगी

हम ज़िन्दगी को तुम पे फना करते,
हर लम्हा तेरे हिज्र में दुआ करते,
लड़ जाते खुदा से भी तेरे ख़ातिर,
गर तुम जो ना हमसे दगा करते,

वो लम्हें हमें याद हैं आज भी बीते,
तेरी बाहों में हर शब को सुबा करते,
आशियाने आज भी महकते खुशबुओं से तेरी,
गर तुम जो ना हमसे दगा करते,
गर तुम जो ना हमसे दगा करते।

करते भी तो क्या हम

करते भी तो क्या हम
मजबूर थे तकदीर के हाथों,
वो जो सामने था मेरे,
मुझसे बहुत दूर था...

गर हो कहीं ऐसा कभी

गर हो कहीं ऐसा कभी
जो हैं मेरी, हों उनकी भी
राहें वही, मंज़िल वही
मैं हूं वहीं एक 'मौज' सा,
साहिल सा हो वो भी वहीं
बिखरूं तो उसकी गोद में
बाहों में सिमटूं भी वहीं

हैं कुछ दर्द ज़िन्दगी में

हैं कुछ दर्द ज़िन्दगी में यूं भी
जो ना कहे जाते हैं,
ना सहे जाते हैं
जैसे कोई दरिया हो आंखों के किनारे
बस बहे जाते हैं बस बहे जाते हैं...

बस कुछ कदम

बस कुछ कदम का फासला,
था तेरे-मेरे दर्मियां
पर दूरियां असीम थीं,
तुम रूठ जो गए थे..

इतनी संजीदा

इतनी संजीदा भी ना थी,
मेरी ज़िन्दगी,
हर टूटते ख़्वाब ने,
मुझे ख़ामोश कर दिया

वफ़ा

गैरों के साथ वो वफा निभाते नहीं थका,
आज भी वो मेरे दिल को दुखाते नहीं थका,
मैं उसकी बेरुखी से होता रहा रुसवा,
एकतरफा इस रिश्ते को निभाते नहीं थका।

है गर्ज़ इतनी सी

है गर्ज़ इतनी सी मेरी वो मुकाम आ जाए
कि ज़िन्दगी की दौड़ का अंजाम आ जाए
ये धूप सी तपती हर एक ख़्वाहिश, हर एक मंज़िल
मैं बैठ जाऊं हार कर, और शाम आ जाए
ये कैसा राब्ता है मेरा तुमसे, कि उसी जिद पर अड़ा हूं
मरने से पहले आखिरी दीदार को खड़ा हूं
जिसे इस जिस्म की हर सांस बना रखा है मैंने
वो बन के मेरी सांसों का पाश आ जाए
मैं बैठ जाऊं हार कर, और शाम आ जाए
मैं बैठ जाऊं हार कर और शाम आ जाए।

मैं उसकी आंख का तारा

मैं उसकी आंख का तारा न बन सका तो क्या
मोहब्बत एकतरफ़ा भी इबादत से कम नहीं
वो भुला दे भले मुझे बुरे ख़्वाब की तरह
मैं याद ना करूं उसे ये क़ूबत अभी मुझमें नहीं
हर इश्क़ मुकम्मल हो ये ज़रूरी नहीं है
अधूरी मोहब्बत भी अधूरी नहीं है
खुशबू दूर से आती रहे तो हर्ज ही क्या है
अपना ही हो चमन ये ज़रूरी नहीं है
तेरी राह से रुख़सती का अब वक्त आ गया है
देख, टूटने की कगार पे अपना रब्त आ गया है
मेरे प्यार की राहें ही मंज़िल हैं मेरी
तेरे साथ की माही मुझे ज़रूरत ही नहीं है।

तुम्हारे साथ

तुम्हारे साथ कोई गैर हो अच्छा नहीं लगता
मगर तुमसे शिकायत करना भी अच्छा नहीं लगता,

बहुत मुश्किल है हासिल करना तेरे प्यार की मंज़िल
मुकरना रास्ते से भी मुझे अच्छा नहीं लगता,

तुम्हारा नाम तो बस सिर्फ तुमपे ही निखरता है
तुम्हारा नाम किसी और पे अच्छा नहीं लगता,

हज़ारों फूल हैं गुलशन में तुमसे भी कहीं बेहतर
मगर फिर भी मुझे तुमसे कोई अच्छा नहीं लगता।

एक खलिश दिल की दिल में

एक खलिश दिल की दिल में लगी रह गई
जो बात अनकही थी अनकही रह गई
ठहरी रही जो कब से है अहसासों में मेरे
वो बात अश्क बन के आंखों से बह गई
अपने ही इंतजार में खड़ा हूं मैं कब से
तन्हाई मुझे मेरे ही हवाले कर गई
मेरा ही दर्द मुझको अब इज़ाद करेगा
चाहत तेरी भले मुझे तबाह कर गई,
तुम देखना चमकूंगा मैं एक दिन फलक पे
तुम ताकते रहोगे बेबस खड़े सड़क पे
मेरी चाहतों की कतरन ही बुनियाद बन गई
झूठी तेरी मोहब्बत मेरी राह बन गई
झूठी तेरी मोहब्बत मेरी राह बन गई।

है एक छोटी सी उलझन

है एक छोटी सी उलझन
कि किस तरह भुलाऊं मैं
वो चेहरा जो एक अरसे से याद है
ये दरारें कैसे भरूं मैं
अपने दिल की दर्द का मरहम है कहां
कैसे बसाऊं मैं फिर से घर अपना
जो तेरे जाने से वीरान है
हो सके तो लौट आ
मेरे हमदम, मेरे दोस्त
मुझे तेरे आने का
बेसब्री से इंतजार है।

ज़रूरत मुझे ही है उसकी

ज़रूरत मुझे ही है उसकी, उसको मेरी नहीं
सालों के इंतजार ने ये तो बता दिया
प्यार में कुछ इस तरह बरसे मेरे आंसू
कभी न रोने वाली आंखों का दरिया सुखा दिया

मैं सोचता था जिनको ये हबीब हैं मेरे
उन्होंने ही वफा का मेरा घर जला दिया
सौदा ही हमने इश्क़ का कुछ इस कदर किया
बस दर्द के बदले में सब कुछ लुटा दिया

उससे शिकायत क्या करूं अपनी तबाही की
वजूद अपना अपने ही हाथों मिटा दिया
फुरसत ही किसे है अब ख़्वाब देखने की
वो याद इतना है कि बाकि सब भुला दिया।

क़दम

मुझसे अब और आगे बढ़ा नहीं जाता
बोझिल क़दमों से चला नहीं जाता।
कहीं तो खत्म हों इम्तहान ज़िन्दगी के
ख़्वाब ही ख़्वाब में जिया नहीं जाता।
एक अंधी दौड़ है मैं चला जा रहा हूं
मुझे पता भी नहीं है मैं कहां जा रहा हूं।
कोई मंज़िल नहीं कोई ठिकाना नहीं
बेमतलबी रास्तों पे भागा जा रहा हूं।
अब जख़्म अपना मुझसे सीया नहीं जाता
ख़्वाब ही ख़्वाब में जिया नहीं जाता।

रही अगर ज़िन्दगी

रही अगर ज़िन्दगी तो जताएंगे हम
टूटा रिश्ता भी उनसे निभाएंगे हम।

टूट कर बिखर जाएं भले तन्हां कभी
सामने उनके मगर मुस्कुराएंगे हम।

हम जानते हैं बेइंतहां नफ़रत है उन्हें
पर फिर भी वफा उनसे निभाएंगे हम।

वो छोड़ दें चाहे शहर मेरा सदा के लिए
उनकी गलियों को ही मदीना बनाएंगे हम।

तेरी यादों की किताब

तेरी यादों को किताब बना रखा है
तेरी बातों को सितार बना रखा है
तस्वीरों को ज़माने से छुपा रखा है तेरी
इस राज को एक राज बना रखा है।

उसकी राहों में अब सफ़र नहीं करता मैं
उसके साथ की अब फिकर नहीं करता मैं
थी एकतरफा मुहब्बत ही तकदीर में मेरी
नफ़रत जो उसने दी उसी को प्यार बना रखा है।

ये आज कल का प्यार बड़ा मतलबी सा है
बरसात के पानी पे निर्भर नदी सा है
पंक से परे उसे पंकज सा खिला रखा है
कोई जानता नहीं मगर मैंने उसको ही खुदा रखा है।

तू हो सका न फिर मेरा

तू हो सका न फिर मेरा अधूरे ख़्वाब सारे रह गए
तू कह सका न हाल ए दिल हम राह तकते रह गए
ये जिद तुम्हारी थी, मेरी उम्मीद थी तुम आओगे
हम भी अधूरे रह गए, तुम भी अधूरे रह गए।

एक जीता जागता ख़ुदा खो दिया

एक जीता जागता ख़ुदा खो दिया हमने अपने हाथों,
अब पत्थरों से दुआ करते हैं उसे पाने की।
उसकी गली में ही सारे मजहबों की दस्तरस थी कभी,
हमने ज़रूरत ही नहीं समझी मंदिर मदीना जाने की।

कैसे–कैसे दिन दिखाए तकदीर ने ज़िन्दगी में मगर,
वो हंसता रहा के जैसे उसकी आदत थी मुस्कुराने की।
ढली वो शाम कि फिर उसकी कोई सहर न हुई,
कोशिश की जिसने इश्क़ से जो ज़िन्दगी चुराने की।

ख़ामोश होठ

ख़ामोश होठों पे न जाने कितना कुछ कहने को है
चलो तन्हाई में अब आंसू आंख से बहने को हैं,
तमाशा न बने महफिल में थोड़ा मुस्कुरा दो झूट ही
ये जितना बोझ दिल पे है तेरे वो खुद तुम्हें सहने को है,

तुम्हीं तो चाहते थे वो हमेशा खुश रहे तो देख लो
कहीं भी है, किसी के साथ है तो क्या, मगर वो खुश तो है,
कहां तक खुद को तड़पाओगे आंसू पोंछ लो, बस भी करो
अंधेरा हो चला है घर चलो अब शाम भी ढलने को है।

जिसे तुम इश्क़ करते हो

जिसे तुम इश्क़ करते हो कहीं वो बेवफा ना हो
तुम्हें क्या है खबर वो प्यार किसी और का ना हो
जिन आंखों में तुम्हें परमात्मा का नूर दिखता है
उन आंखों से खुदाई वो किसी में देखता ना हो,

जिस्मों की करीबी से भला क्या फर्क पड़ता है
वो क्या रिश्ता है जिसका रब्त रूहानी न हो
खोया हो किसी चेहरे के ख्यालों में वो कहीं
वो तुम्हें देखता हो फिर भी तुम्हें देखता ना हो,

फुरसत नहीं उसे तुम्हारे ख़्वाब देखने की
तेरा एक पल नहीं ऐसा जो उसको ढूंढता ना हो
खतम कर एकतरफा प्यार का अब सिलसिला **'राहुल'**
उसे देकर दुआ की यार उसका बेवफा न हो।

मेरे सपने

मेरे सपनों को न यूं नज़रे लगाया कीजे
ऐ मेरे दोस्त मुझे यूं न बद्दुआ दीजे
आंधियों में भी ये चराग जला रखा है
जो हो सके तो इसे थोड़ा सहारा दीजे
मैं भी पलकों पे अपनी ख़्वाब ए खुशी रखता हूं
इन्हें गद्दारियों से यूं न भिगाया कीजे
कुछ उम्मीदों के सहारों पे टिका हूं मैं
मेरी उम्मीदों को न ठोकरें मारा कीजे
मेरे सपनों को न यूं नज़रे लगाया कीजे
ऐ मेरे दोस्त मुझे यूं न बद्दुआ दीजे।

तक़दीरों की राह

कदम पड़े उसके जब मेरी तक़दीरों की राहों पर
उतरे फूल ज़मीं पर और नई खिलीं कोंपले शाखों पर
उसके प्यार में तप कर हीरा बना कोयला दफ़्न था जो
कल तक जिसकी कीमत न थी वो आज पहुंच गई लाखों पर
कतरा कतरा ज़िन्दगी बिखर जाती दिल की दीवारों से
गर थाम न लेता उम्मीदों की डोर कहीं से वो आकर
अहमियत समझ नहीं सकता मुझसे बेहतर उसकी वो खुद भी
वो नहीं जानता क्या अहसान किया है मुझको अपना कर।

कभी नींद में भी उनका ख़्वाब

कभी नींद में भी उनका कोई ख़्वाब हुए हम
तो समझो मोहब्बत में कामयाब हुए हम

न मिल सके कभी, न कोई बात कर सके
अपनी ही खुदगर्जी में बर्बाद हुए हम

करियां ए खमोशाँ में हम जा के बस गए
न उसने कैद में रखा, न फरार हुए हम

कोई गर्ज जब पड़ी तो हमें याद कर लिया
मुलाज़िम ही कह दो ऐसे भी क्या यार हुए हम।

''करियां ए खमोशाँ'' ख़ामोश लोगों की गली

नियत परखना उसकी तुम चेहर को

नियत परखना उसकी तुम चेहरे को तवज्जो मत देना,
सीरत ना मिलती हो तो इंसान बदल देना
उसके बारे में यारों से मैं ये कहता फिरता था
वो शख़्स अगर बदला तो मेरा नाम बदल देना।

राह में टकरा जाए गर वो तुमको चलते-फिरते तो
फरियाद नहीं करना उससे बस राह बदल देना
देख रहा होगा तुमको वो अरसे बाद मिले हो जो
पलट के मत तकना चाहे ईमान बदल देना।

मुकद्दरों में मुहब्बतों के किस्से बहुत अधूरे हैं
मंज़िल के राही एकतरफा चाहत में रस्ते भूले हैं
तकदीर मिलाए न उससे तो अपनी चाह बदल देना
ये जायज़ नहीं मोहब्बत में बर्बादी की राह निकल देना।

ये भ्रम भी हमारा

ये भ्रम भी हमारा
सनम खूब था
तुम
कहे अनकहे हाल-ए-दिल
जानते हो।

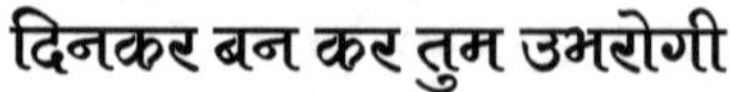

दिनकर बन कर तुम उभरोगी

दिनकर बन कर तुम उभरोगी,
बीता कल बन ढल जाऊंगा मैं,
रंग भरके अपनी नज़्मों में,
तेरा नाम अमर कर जाऊंगा मैं।

है सही यही, तो यही सही,
वो अंतिम रश्म निभाऊंगा मैं,
तेरी खुशियों की खातिर अब,
जग से रुख़सत कर जाऊंगा मैं।

यूं तो बहुत कुछ खोया

यूं तो बहुत कुछ खोया मैंने ज़िन्दगी में
पर एक तेरे जाने का मलाल नहीं जाता,

क्या कमी थी मेरी वफा में बता तो सही
मेरे जहन से ये सवाल नहीं जाता,

मुझसे भी ज्यादा तू शुमार है मुझमें
लाख कोशिश करूं भी तो तेरा खयाल नहीं जाता,

तू कर दे मेरा कत्ल अब रिहा भी कर मुझे
मुझसे ये दर्द और अब सहा नहीं जाता।

ये कैसी भूल है

ये कैसी भूल है जो मैं करता हूं आज-कल
कि अपनों से भी अपना मैं मतलब निकालता हूं,

मेरे हिस्से की खुशी को भी तेरी गलियों में बिछाकर
मैं अपने पैर से गम के तेरे कांटे निकालता हूं।

एक तू है जो छत पे अपनी जुल्फें संभालता है
एक मैं हूं जो इस अदा से खुद को संभालता हूं,

एक तेरे मामले में ही मैं हार गया बस
नहीं तो हर मुसीबत में कोई रास्ता निकालता हूं।

कई बरसों से जो अटकी

कई बरसों से जो अटकी थी मुकम्मल बात हो गई
थी अजनबी अब तक वो मेरे साथ हो गई
पतझड़ के मौसमों में गुजर जाती ज़िन्दगी
उसके करम की मुझपे बरसात हो गई,
सब कुछ था मेरे पास मगर कुछ भी नहीं था
वो था तो इस जहां में मगर मेरा नहीं था
रब ने उसको मेरा जो हमसफ़र चुना
दुनियां जहां की दौलत मेरे नाम हो गई।

न वो वक़्त ही रहा

न वो वक्त ही रहा, न वो रब्त ही रहा,
हमने भी ज़िन्दगी में, क्या कुछ नहीं सहा
पलकों से लटका रहा, बोझिल सा एक कतरा
वो सामने जब तक रहा, आंसू नहीं बहा
हां और ना की कश्मकश में उलझा रहा रिश्ता
कहने को एक लफ्ज़ था, वो भी नहीं कहा
जिसने मुझे काटकर निकाला था रास्ता
मंज़िल पे वो पहुंचकर अपना नहीं रहा

एक ग़ज़ल सी थी

एक ग़ज़ल सी थी उसकी बातों में
जो गूँज रही है मेरे कानों में
एक गज़ब की खुशबू थी उसकी जुल्फों में
जो महक रही है मेरी सांसों में

जी चाहता था डूब जाऊँ
एक समंदर सा छुपा था उसकी आंखों में
पर ये किस्मत मेरा साथ कहां
छोड़ती है

उसी को छीन लिया मुझसे
जिसे मांगा था दिन-रात दुआओं में

जिसको सोचता भी था

जिसको सोचता भी था,
जिसको देखता भी था
सारे जहां में एक वो चेहरा ही तो था।

जिसको आंख बंद करके भी
महसूस कर सके,
उसके परि में खुशबुओं का
ओरा ही तो था

उसका ही सिर्फ नाम है
नसीब के बरक पर
आज भी कोरा है
तब कोरा ही तो था।

और कितने कदम चलते
एकतरफा प्यार में,
कुछ भी नहीं था आगे बस
अंधेरा ही तो था।

तुम्हें क्या है ख़बर

तुम्हें क्या है खबर उस रास्ते पे क्या कहर गुजरा
जहां से गुजरे हुए तुमको एक, अरसा है गुजरा,

तुम्हारी खुशबुओं से सराबोर हो ये जमीं ये आसमा
गुजरे जहां से तुम गुलों का काफ़िला गुजरा,

यूं तो गुजर गई ये ज़िन्दगी खिजाओं में मगर
बहुत ही था हसीं लम्हा जो तेरे साथ में गुजरा,

मेरे जैसा भी कोई था तुझे तो याद भी न हो
मेरा हर एक लम्हा पर तुम्हारी याद में गुजरा।

इश्क़ तकसीम

इश्क़ तकसीम जिस दिन हमारा हुआ
खुशियां तुमको मिली गम हमारा हुआ
हंसते-हंसते गले से लगा लेंगे हम
गम नहीं है ये तोहफा तुम्हारा हुआ।

बात रह जायेगी फिर भी अहसास में
सिर्फ अल्फ़ाज़ का ही जनाजा हुआ
वो मुकरते गये हम बिखरते गये
बाग फूलों का दिल मे वीराना हुआ।

बोझ सी बन के रह जायेगी ज़िन्दगी
वो सनम न अगर जो हमारा हुआ
चांदनी रात की तरह ढलते हुए
वो मेरा चांद भी अब बेगाना हुआ

खत्म चाहत का अब ये फसाना हुआ
उनको बिछड़े हुए एक जमाना हुआ
अश्क बहते रहे, दर्द सहते रहे
सामने मेरे सागर किनारा हुआ

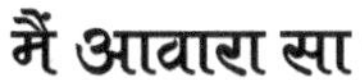

मैं आवारा सा

मैं आवारा सा एक पाखी था
पर कब की बात है पता नहीं
वह सज़ा भी मैंने काटी है
थी जिसमें मेरी खता नहीं

आए थे पतझड़ शाखों पर
फिर नया फूल कोई खिला नहीं
हर मंज़िल मेरी सफ़र हुई
अब कोई हमारा पता नहीं

सब मंदिर मस्जिद व्यर्थ हुए
कोई मेरा मजहब बचा नहीं
है दुआ वही और खुदा वही
ये खुद उसको भी पता नहीं

काश मैं भी बेवफ़ा होता

काश मैं भी बेवफा होता
उसके अश्कों की वजह होता

वो मांगता मुझे भी दुआओं में रब से
मैं उसके जीने की वजह होता।

जिस कदर भटका हूँ मैं उसकी राहों में
दर- बदर वो भी भटका होता

टपकता लहु उसकी आंखों से मेरी तरह
वो भी मुझे देखने को तरसा होता

ज़माने भर की नज़रों में, मैं रश्क करता हूँ उससे
मगर सच ये है कि मैं इश्क़ करता हूँ उससे

आज मैं जिस मुकाम पर हूँ शायद नहीं होता
अगर उस दिन मुझे उसने ठुकराया नहीं होता।

है मुलाक़ात की आरज़ू

है मुलाकात की आरज़ू आज भी
इश्क़ से यूँ मुकरना भी आसां नहीं
जिनको मांगा हो अश्कों ने तकदीर से
उनका यूँ रूठ जाना गवारा नहीं
लाख कोशिश भी नाकाम हो जाएगी
प्रेम की बेड़ियां कोई रेशम नहीं
इनकी तासीर में बस उलझना ही है
फिर रिहाई का कोई सहारा नहीं

जाम का भी सहारा

जाम का भी सहारा लिया जाये न
अब तो तुमसे गवारा जिया जाये न
वक्त रहते अभी थाम लो तुम मुझे
ज़ख़्म-ए-दिल खुद मुझी से सिया जाये न
आशियाना तुम्हारे मेरे ख़्वाब का
एक अरसे से देखो वीराना पड़ा
ठोकरें वक्त की उसको बिखरा न दें
रोश छोड़ो प्रिय मान भी जाओ न

आंसुओं की सदा भी

आंसुओं की सदा भी
अगर तू न समझा,
वजूद-ए-खुदाया
तेरा खांमखा है।

असीम

असीम परछाइयां
असीम तन्हांइयां
वो एक
मेरे नसीब में नहीं जो।

रूठना भी गवारा

रूठना भी गवारा
नहीं था तेरा
पर सितम ये भी देखो
जुदा हो गए

इश्क़ की बेखुदी

'इश्क़ की बेखुदी में जिए जा रहे हो
क्यों अंधेरों में खुद को लिए जा रहे हो
वो फलक तक तुम्हारे सहारे रहेंगे
खांमखां ख़्वाब झूठे बुने जा रहे हो

ये सहारे तुम्हारे, तुम्हारे नहीं हैं
बुलबुले हैं सलिल के सितारे नहीं हैं
ताउम्र साथ रहने का धोखा न पालो
उनके अपने भी हैं वो बस तुम्हारे नहीं हैं।

जब खुमारी उतर जायेगी जाम की
चेतना प्रस्फुटित होगी अरमान की
बस तभी लौ जलेगी तुम्हारे हृदय में
पीर सागर हैं सारे, किनारे नहीं हैं।

एक शाम है

एक शाम है जो पास है
एक जाम है जो साथ है
ये दर्द है जो है मेरा
तुमको नहीं एहसास है,

ये रास्ते बेरंग हैं
और मंज़िलों की प्यास है
कैसे गुजर जाये कोई
काली अंधेरी रात है

न रोशनी दिखती कहीं
न साथ ही में है कोई
सूना पड़ा है रासता
और धड़कने उदास हैं

ये ज़िन्दगी का फलसफा
है कैसी राह चल पड़ा
खामोशियां असीम हैं
तन्हांइयों का साथ है

उनकी मुहब्बत

उनकी मुहब्बत का सफ़र,
ऐसे मुकां पर ले गया
हम इस कदर भटके कि फिर,
अपना ठिकाना न रहा।

वो हैं कहीं हम हैं कहीं,
ये वक्त की रुसवाई है
वो शब हमारी न रही,
वो कल हमारा न रहा।

एक आस है जो है अभी,
कि हम मिलेंगे फिर कहीं
ढलती उम्र कहती है चल,
वो पल सुहाना न रहा।

इश्क़ की ख़्वाहिश

इश्क़ की ख़्वाहिश किसे नहीं
बस वक्त जरा सा रुसवा है
छलकेंगी खुशियां हर पल में
रस्ता बस कुछ कदमों का है।
कुम्हलाई सी शाखाओं पर
कोपलें खिलेंगी नई-नई

एक राज छुपा सा आँखों में
जो अश्क लिये हैं कई-कई
उन अश्कों की बूंदों पे भी
मुस्कान उभर जब आयेगी
बस सब्र जरा सा रख ऐ दिल
ज़िन्दगी पुनः मुस्कायेगी

वक़्त का ऐसा मिजाज़

वक़्त का ऐसा मिजाज़ क्यों है,
हर मुस्कुराता चेहरा उदास क्यों है
खुशी का नकाब पहने घूमता है सारा शहर,
ओढ़े हुए ये झूठा लिबास क्यों है
फिसलता वक़्त जो है रेत सा,
सुने हर लफ्ज़ की कुछ इल्तज़ा
चाहे ठहरना हर कोई चाहे निखरना हर कोई,

लिहाज-ए-उम्र कुछ तो बक्श दे
चाहे संभलना हर कोई,
दिल सा मेरे तेरा मिजाज़ क्यों है
ऐ वक़्त तू इतना उदास क्यों है,
ऐ वक़्त तू इतना उदास क्यों है।

मेरी तुझे पाने की कोशिश

मेरी तुझे पाने की कोशिश तो कम नहीं थी
तकदीर ने मेरी पर जबाब दे दिया

तेरी बातें तेरी ख़ामोशी न वो बात कह सकी
झुकती तेरी निगाह ने जवाब दे दिया

होते ही होते पूरे अधूरा रह गया सफ़र
उसके मुकरते पांव ने जवाब दे दिया

उम्मीद के टुकड़े बटोर भागे हम मगर
मेरी मुफलिसी ने फिर मुझे जवाब दे दिया

ये रुसवाईयां

"ये रुसवाईयां,
ये बेचैनयां,
ये तन्हाईयां,
शोर कैसा है,
जो थमता ही नहीं"

रुत में सावन के जैसी

रुत में सावन के जैसी घटा छा गई
आज फिर कमबख़्त उनकी याद आ गई
भीनी-भीनी महक से सराबोर है
क्या हवा उनकी जुल्फों से टकरा गई
सर्द मौसम से बारिश का संयोग भी
उनकी मौजूदगी का भरम दे रहा
कल की परछाइयां फिर जवां हो गईं
और सावन विरह का मेरा हो गया।

जितना मैं भटका

जितना मैं भटका हूँ उतना
तुम क्या भटके होगे
किसी की चाह में, किसी की राह में
जितना मैं भटका हूँ उतना
तुम क्या भटके होगे

न धूप देखी न रात देखी
न सहर देखी न शाम देखी
तुम क्या जानो दिल में मेरे
कितने घाव पड़े होंगे
जितना मैं भटका हूँ उतना
तुम क्या भटके होंगे

नीचे अम्बर के जाग़-जाग
कई तन्हां रात गुज़ारी हैं
अखियों में मोती भर-भर के
तेरी तस्वीरें निहारी हैं
जब सुकूं भरी रातों में तुम
गहरी नींद रहे होगे
जितना मैं भटका हूँ उतना
तुम क्या भटके होगे।

तरसती रही निगाहें एक झलक

तरसती रही निगाहें एक झलक पाने को
तड़पती रही बांहे तुमसे लिपट जाने को
मैं वो कश्ती हूं जो सदा मझधार में रहा
बेबसी देखती रही किनारों को।

इस शहर की

इस शहर की आपाधापी
और उसके मन की तन्हाई
बे सहारा सा फिरता है,
कोई किनारा मिल जाये
कुछ पाने की ख़्वाहिशें,
दौड़ा रहीं हैं उसे
जो खुले आसमान में,
उड़ना चाहता है
वो जानता है कि,
मजबूर है करना यही है पर
ये दिल तो मासूम है
उसे क्या समझाया जाये
ज़िन्दगी में कुछ काम,
करने पड़ते हैं बेमन भी
ज़रूरी नहीं, जो पाया न जाये,
वो भुला दिया जाये।

थी एक लड़की जो मेरी

थी एक लड़की जो मेरी, निगाहों में समाई थी
कुछ दिनों वो सुबह के, सपनों में आई थी
सुना था सुबह के सपने, सच हुआ करते हैं
पर छोड़िए जनाब, सपने तो सपने हुआ करते हैं।

इक कश्ती पे बैठा

इक कश्ति पे बैठा बहा जा रहा था
ये दिल भी न जाने कहां जा रहा था
वो लड़की ग़ज़ल थी मेरी आरजू थी
जिसे पाने की जिद दिल किए जा रहा था।

मिलना भी ऐसा कि दो पल का मिलना
दिल अरसा सा हर पल जिए जा रहा था
कई मरतवा सर झुकाये थे हमने
मंदिरों, मस्जिदों और गिरजाघरों में
वो हम से ख़फ़ा सा हुए जा रहा था
ये दिल तो उन्हीं का हुए जा रहा था
अच्छा हुआ कि खबर कर दी उसने
गलत रास्ते मैं चला जा रहा हूँ
मंज़िलें तो नहीं हैं मेरी इस गली में
समय अपना जाया किए रहा हूँ
वो अलग रास्ता ही लिए जा रहा था
जिसे पाने की ज़िद दिल किए जा रहा था।

www.ingramcontent.com/pod-product-compliance
Lightning Source LLC
La Vergne TN
LVHW050618200726
843508LV00010B/1900